INVENTAIRE
V26,978

Gauthier

V
2733
Lck1

~~T 3843~~
~~D f~~
V 2733
L c K. 1.
Ⓒ

26978

LE PETIT CUISINIER

DE LA VILLE

ET

DE LA CAMPAGNE.

Par M. GAUTHIER, Cuisinier a Sellières.

PREMIÈRE ÉDITION.

Prix : 1 fr.

LONS-LE-SAUNIER,
Chez Courbet, Imprimeur, rue St-Désiré, N.º 43.
1827.

Pour prévenir la contre-façon, chaque exemplaire sera revêtu de la signature suivante du propriétaire.

Courbet

fils aîné

PRÉFACE.

On a déjà publié un grand nombre de traités sur la cuisine ; la plupart de ces ouvrages ont le triple inconvénient de former un trop gros volume, d'être d'un prix trop élevé, et d'avoir été composés par des personnes qui, très-souvent, n'ont jamais mis en pratique l'art de la cuisine ; il résulte de ce dernier cas que ceux qui possèdent ces ouvrages ne réussissent pas dans l'apprêt de leurs mets.

Le Petit Cuisinier que nous offrons au public n'est point une compilation d'autres ouvrages de ce genre, il n'est pas composé par un inconnu, mais par un habile cuisinier dont la réputation est établie depuis long-temps, non seulement dans les différentes villes du Jura, mais encore dans les moindres hameaux de ce département.

C'est faire l'éloge de cet ouvrage que d'en nommer l'auteur.

Un petit nombre de personnes possèdent le Petit Cuisinier en manuscrit, mais un très-grand nombre en sont privées et le demandent avec instance ; ce n'est qu'à ces nombreuses sollicitations que M. Gauthier s'est décidé à livrer son ouvrage à l'impression.

Cet ouvrage est divisé en six parties : la première comprend les viandes de différentes espèces, la seconde, le poisson ; la troisième, le jardinage ; la quatrième, les gratins ; la cinquième, les œufs accommodés de diverses manières ; et la sixième traite des différentes crêmes.

LE PETIT CUISINIER

DE LA VILLE

ET

DE LA CAMPAGNE.

PREMIÈRE PARTIE.

Bœuf à la mode.

Piquez de gros lard et de deux gousses d'ail une rouelle de bœuf, mettez-la mariner pendant deux jours avec de l'huile d'olives, du poivre et du sel ; retournez-la de six en six heures ; faites ensuite chauffer votre beurre et mettez dans ce beurre la rouelle avec un oignon piqué de deux clous de girofle, de la canelle, une feuille de laurier, et un jarret ou un pied de veau. Faites cuire le tout entre deux feux ; retournez-le une fois dans l'espace d'une heure, et, une heure après, mettez-y un *pochon* de bouillon.

Langue de Bœuf.

La sauce de la langue de bœuf se fait de même

que celle de la rouelle ci-dessus. Hachez des échalotes avec une gousse d'ail; faites un roux; mettez dans ce roux vos échalotes hachées, avec un petit morceau de beurre; le tout étant roussi, mettez-y un pochon de bouillon, trois cuillerées de bon vinaigre, et ajoutez à votre sauce le jus de la langue, après l'avoir dégraissé. Fendez ensuite la langue en deux, posez-la sur un plat avec la sauce, et mettez dessus des câpres ou des cornichons hachés.

Filet de Bœuf.

Parez bien votre filet en ôtant la peau et la graisse; piquez-le de trois rangs de lard fin, mettez-le mariner, et, après cela, agissez comme pour la rouelle de bœuf; ensuite faites-le rôtir à la broche, arrosez-le de sa marinade en y ajoutant un demi-verre de vin blanc sec; et, pour servir ce filet, faites une sauce comme celle de la langue de bœuf.

Pareille sauce peut se servir dans une saucière pour lièvre ou gigot rôtis.

Rouelle de veau.

Lorsque cette rouelle est un peu épaisse, on la prépare comme la rouelle de bœuf : servez-la avec son jus, ou si vous voulez faire une garniture autour, servez-vous de céleri blanchi, ou de haricots blancs, ou de marrons. Ces trois garnitures se cuisent au bouillon gras. Lorsque vous voulez servir cette rouelle, vous mettez son jus dans la garniture.

Autres garnitures pour le même morceau.

Employez l'une ou l'autre des trois garnitures suivantes: oseille, purée de pommes de terre ou olives; faites-lui faire deux tours de feu avec le jus de la rouelle et un demi-pochon de bouillon gras.

Poitrine de veau maigre, en fricassée de poulet.

Coupez cette poitrine par morceaux qui ne soient pas trop petits; lavez bien ces morceaux dans deux eaux douces, et faites-les égoutter; ensuite mettez-les dans un linge blanc et essuyez-les bien. Après cela, faites fondre le beurre dans lequel vous passerez vos morceaux saupoudrés d'un peu de fleur de farine, mettez dessus de l'eau bouillante avec un verre de vin blanc sec, des petits morceaux de lard, des petits oignons, poivre, sel, et de l'écorce de citron.

Lorsque cette poitrine est cuite, mettez dessus deux jaunes d'œufs délayés avec un peu de crème fraîche et un peu de persil haché; remuez le tout hors du feu afin que cela ne cuise pas. Quand vous êtes sur le point de servir votre poitrine, mettez dessus de minces tranches de citron.

Une fricassée de poulet se fait de même.

Côtelettes de veau.

Après avoir bien tapé vos côtelettes, faites-les

roussir dans le beurre ; à mesure qu'elles roussissent, mouillez-les avec trois cuillerées de bouillon gras ; quand elles sont bien roussies des deux côtés, mettez un bon verre de vin blanc sec avec du poivre et du sel ; ensuite, faites-leur faire deux tours, et mettez-y une petite liaison de farine de pommes de terre, avec des échalotes hachées et très-peu de moutarde. Servez-les avec leur sauce, et mettez sur votre plat des câpres ou des cornichons hachés.

Les côtelettes de porc ou de mouton s'arrangent de même.

Côtelettes en papillotes, soit veau ou mouton.

Tapez-les bien ; mettez-les mariner pendant quatre heures avec du poivre, du sel, de l'huile d'olives, des échalotes, et, par-dessus, de l'oseille hachée bien menu. Prenez du papier blanc de longueur qui puisse envelopper la côtelette, graissez-le d'huile d'olives ; mettez de la mie de pain dessus avec une petite tranche de lard bien mince, posez votre côtelette sur le tout, faites sur cette côtelette ce que vous venez de faire sur le papier, et l'en enveloppez afin qu'elle ne se défasse pas ; ensuite, mettez du beurre dans une tourtière et faites cuire doucement vos côtelettes entre deux feux. Un demi-quart d'heure après, retournez-les afin qu'elles soient jaunes des deux côtés ; ensuite, tenez-les chaud tout-doucement, jusqu'à ce qu'on les serve ; alors, servez-les sur un plat telles qu'elles sont dans la tourtière.

Dur de foie de veau en michotte.

Hachez bien menu votre dur de foie de veau, joignez-y du lard haché séparément, persil, échalote, ail, une petite écuelle de crême et six jaunes d'œufs; fouettez les blancs à neige, poivre, sel, et débattez le tout ensemble. Mettez, dans une coquelle de fonte, un bon morceau de beurre fondu ou huile d'olives; quand cela est bien chaud, mettez votre hachis dedans, et placez dessus votre couvercle bien chaud; mettez du feu dessus et dessous; faites cuire cela tout doucement pendant trois quarts d'heure, et servez-le avec sauce pareille à la langue de bœuf.

Pareille michotte peut se faire avec toutes sortes de viandes.

Tête de veau avec les oreilles.

Quand elle est bien nettoyée, mettez-la dégorger pendant douze heures dans l'eau fraîche; changez l'eau de quatre en quatre heures, ensuite retirez-la de l'eau et lavez la bien; laissez-la épurer; mettez dans la gueule un morceau de lard, un oignon piqué de quatre clous, un morceau de canelle, un citron entier et trois feuilles de laurier; cousez votre tête de veau dans un linge blanc; mettez-la dans une marmite d'eau afin qu'elle baigne; quand elle est bien écumée, laissez-la ainsi pendant quatre heures; quand elle sera mi-cuite, mettez-y deux tiers de vin blanc, et retournez-la d'une en une heure; quand elle sera cuite, ôtez tout ce qu'il y a dans la gueule; quand elle est bien épurée, mettez-la sur un plat, fendez un peu le crâne et épurez un jus de citron dans la cervelle, ou une cuillerée de vinaigre. Servez dans une saucière la sauce pareille à celle de la langue de bœuf, ou bien une sauce verte : hachez bien menu persil, ciboulette, ail, échalote, délayez le tout avec quatre cuillerées d'huile d'olives, un demi-verre de vinaigre blanc, poivre, sel, et un demi-pochon de court-bouillon de la tête de veau. Alors servez-la.

Blancs de veau, Pieds de veau et Cervelles.

Quand les pieds ou blancs de veau sont bien cuits au court-bouillon, et lorsque les cervelles sont bien blanchies, on peut les mettre en friture. Délayez de la farine avec de l'eau, de manière à ce que cela soit un peu dur; mettez un peu de sel, deux cuillerées de crême fraîche, autant de vin blanc, une cuillerée d'huile d'olives et un jaune d'œuf; battez le blanc à neige et mêlez le tout ensemble. Coupez les pieds de veau désossés par morceaux comme des noix, passez-les au beurre avec poivre et sel, jetez-les ensuite dans votre pâte à friture quand ils seront froids, et faites-les frire lorsque votre friture sera chaude.

On peut en faire autant pour les grenouilles.

Blanquette sur des restants de veau rôti ou de volaille rôtie.

Prenez ces restes, passez-les au beurre dans

une casserole, avec un petit morceau de lard et un petit oignon; faites ensuite de la même manière que pour une fricassée de poulet.

Sauce à l'orange.

Faites un roux, piquez vos restants avec des petits morceaux de lard et un petit oignon; ajoutez-y un peu d'écorce d'orange amère, une ou deux gousses d'ail et une feuille de laurier, ainsi qu'un pochon de bouillon avec un verre de vin blanc sec ou de vin rouge. Quand vous êtes sur le point de servir, mettez-y une cuillerée d'huile d'olives.

Faites-en autant pour un civet de lièvre.

Ragoût de veau.

Quand votre beurre est bien chaud, mettez roussir vos morceaux de veau; lorsque vous les retournez de l'autre côté, mettez un demi-pochon de bouillon. Le tout étant roussi, mettez de petits morceaux de lard et de petits oignons, avec poivre, sel, écorce de citron et du bouillon pour faire la sauce; laissez cuire tout doucement; quand cela est cuit, mettez une petite liaison de farine de pommes de terre.

Une poule farcie, un coq ou une oie.

Prenez le foie et la graisse de la volaille; hachez-les avec une rouelle de porc ou de veau, ou bien avec du filet de bœuf et du gras de lard;

hachez du persil et de l'oseille que vous mêlerez avec votre farce, ajoutez-y un peu de crême, du poivre et du sel; emplissez ensuite votre volaille de cette farce, et mettez cuire, entre deux feux, cette volaille entourée de rouelle de bœuf. Quand le tout est roussi, vous le mouillez avec un pochon de bouillon gras, et vous le servez avec le jus qui aura été dégraissé.

Une poitrine de veau peut se farcir de même que la volaille.

Volaille ou Gigot en gelée.

Otez la graisse du gigot, tapez-le bien, piquez-le d'ail, et mettez-le dans une daubière avec du jarret ou du pied de veau. Après avoir écumé l'eau dans laquelle vous aurez laissé baigner votre gigot, assaisonnez-le avec clous de girofle, canelle, poivre, sel, oignon, laurier, écorce d'orange, et faites-le cuire entre deux feux. Quand il est à demi-cuit, mettez-y un verre de vin blanc sec. Lorsqu'il est entièrement cuit, mettez-le sur une *tournoire* et désossez-le comme un jambon; ensuite posez-le dans un plat creux. Cela étant fait, dégraissez le court-bouillon, et passez-le dans un linge sur votre gigot; mettez alors votre plat au frais, et servez quand la gelée sera prise.

Les cervelles et les blancs de veau, quand ils sont blanchis, s'accommodent comme les fricassées de poulets.

Pigeon à la crapaudine.

Après l'avoir troussé comme si vous vouliez le mettre en broche, fendez-le sur le dos et tapez-le bien; mettez-le ensuite mariner, pendant deux heures, avec poivre, sel, échalotes bien hachées et quatre cuillerées d'huile d'olives Mettez-le cuire avec un bon morceau de beurre dans une casserole ou dans une tourtière avec sucre; qu'il roussisse mouillé avec deux cuillerées de vin blanc; quand il est roussi des deux côtés, mettez un demi-pochon de bouillon gras; lorsqu'il est cuit, servez-le avec sauce verte, pareille à celle des côtelettes.

Sauce verte pour les côtelettes et pigeons à la crapaudine.

Hachez persil, ciboules, ail, échalotes. Mêlez le tout avec quatre cuillerées d'huile d'olives et un peu de moutarde, poivre, sel, deux cuillerées de vinaigre blanc, six cuillerées de vin blanc sec, et trois cuillerées de jus de côtelettes Mettez votre sauce sur votre plat, placez les côtelettes dessus avec câpres ou cornichons.

Pigeon en murette.

Coupez votre pigeon en six morceaux, lavez-le dans l'eau douce, essuyez-le dans un linge, et passez-le au beurre dans votre casserole avec poivre, sel, petits oignons, petits carrés de lard, écorce de citron, feuille de laurier, et un petit paquet de persil. Saupoudrez-le d'un peu de fleur, mettez un pochon de bouillon et autant de vin blanc sec. Quand il est cuit, mettez une liaison de deux jaunes d'œufs délayés avec de la crême fraîche, hors du feu afin que cela ne cuise pas, et épurez un jus de citron dedans.

Pigeons farcis.

Hachez bien le foie de vos pigeons avec un peu de rouelle de veau ou du filet de cochon et du gras de lard. Hachez séparément échalotes, ail et un peu de persil; mêlez le tout ensemble avec poivre et sel. Emplissez vos pigeons, faites-les cuire dans votre casserole avec un morceau de beurre et un peu de rouelle de veau, un oignon piqué d'un clou de girofle, un peu de canelle, poivre et sel; quand ils sont jaunes d'un côté, tournez-les de l'autre en y ajoutant quatre cuillerées de bouillon gras; lorsqu'ils sont jaunes des deux côtés, mettez un demi-pochon de bouillon et un demi-verre de vin blanc sec; quand ils sont cuits, mettez une courte liaison de farine de pommes de terre. Servez-les avec leur jus après l'avoir dégraissé; ou, si vous voulez faire une garniture autour, prenez des culs d'artichauts; après les avoir nettoyés, faites-leur faire deux ou trois tours dans l'eau bouillante; quand ils sont bien épurés, passez-les au beurre avec poivre, sel et un peu de bouillon, et ajoutez-y ensuite le jus de vos pigeons.

Autre Garniture.

Raclez la plus grosse asperge, coupez-la par morceaux qui ne soient pas trop petits, lorsqu'ils sont bien lavés, mettez-les cuire dans un peu de jus et un peu de bouillon gras; enfin, épurez un jus de citron, et servez cette garniture avec vos pigeons.

Canard aux oignons.

Mettez braiser votre canard comme les pigeons; faites jaunir, dans du beurre, des oignons égaux en grosseur, ni trop gros, ni trop petits, avec poivre et sel; à mesure qu'ils jauniront, mouillez-les avec deux cuillerées de bouillon gras; quand ils seront tout-à-fait jaunes, mettez-y un demi-verre de vin blanc sec et autant de bouillon gras; quand ils sont cuits, ajoutez-y le jus de votre canard, après l'avoir dégraissé; mettez-y un peu de moutarde, et une courte liaison de farine de pommes de terre.

Autre Garniture.

Prenez des navets ou raves; quand ils sont épluchés, coupez-les par morceaux de la grosseur d'un marron; faites de même que pour les oignons.

Autre Garniture.

Prenez des marrons, fendez un peu la peau, laissez-les dans les cendres chaudes pendant un demi-quart d'heure; ensuite épluchez-les bien sans les briser. Mettez-les cuire dans une casserole avec du bouillon gras et du jus, autant d'un que d'autre. Ajoutez le jus de votre volaille ou de votre rouelle de veau.

Cette garniture peut aller avec toutes sortes de volailles ou rouelles de veau un peu épaisses, lorsqu'elles ont été braisées.

DEUXIÈME PARTIE.

Poissons au bleu.

Brochet, carpe, truite, chavanne, etc, quand il est bien nettoyé, videz-le et essuyez-le bien avec un linge; mettez dessus poivre et sel, et dans une heure faites-le cuire. Mettez dans votre poissonnière lard, beurre, citronelle, estragon, laurier, ail, oignon, clous de girofle, canelle et thym; mettez votre poisson dans la poissonnière et faites-en autant sur votre poisson. Faites-le baigner dans du vin blanc ou vin rouge, vieux; quand il est cuit, mettez-le sur un plat et arrosez-le avec huile d'olives mêlée avec du poivre et du sel.

Carpe farcie.

Quand elle est bien nettoyée, essuyez-la, fendez-la sur le dos, comme si vous vouliez la faire frire;

frire; ôtez ce qu'il y a dans le ventre et l'arête du dos; prenez d'autre poisson avec des blancs de carpes que vous pilerez avec du beurre frais; hachez un peu de persil, gousses d'ail et échalotes, un peu d'écorce de citron, de la mie de pain bouillie dans la crème fraîche. Mêlez le tout avec poivre et sel Emplissez votre carpe de cette farce, et cousez-la, mettez poivre et sel sur votre carpe pendant une demi-heure; avant que de la faire cuire, graissez votre tourtière avec du beurre frais, mettez de la mie de pain passée à la passoire sur votre beurre, et mettez votre carpe dessus. Faites fondre du beurre frais dans une coquelle. arrosez votre carpe avec ce beurre, et couvrez-la de mie de pain Alors mettez le couvercle bien chaud sur la tourtière, avec du feu dessus et dessous Laissez cuire doucement votre carpe sans la retourner, et servez avec courte sauce verte.

Tanche.

Lorsqu'elle est bien nettoyée, elle s'accommode en fricassée de poulet ou à la matelote Pour une matelote, faites un bon roux, mettez roussir votre poisson; quand il est roussi, sortez-le de votre casserole, et mettez une garniture de petits oignons avec du beurre. Quand ces oignons sont cuits, mettez du vin blanc et votre poisson dedans. Faites faire deux tours avec poivre et sel; hachez échalotes et gousse d'ail, et servez votre tanche avec cornichons par-dessus.

Le brochet avelin s'accommode comme fricassée de poulet.

Ragoût de carpe.

Faites un bon roux, et mettez-y votre poisson coupé par morceaux; quand il est roussi des deux côtés avec poivre et sel, ôtez-le de la casserole, et faites cuire de petits oignons; quand ces oignons sont cuits, mettez un bon verre de vin blanc avec un demi-verre d'eau et de l'écorce de citron. Quand le tout bouillira, faites faire deux tours à votre poisson et mettez un peu d'échalotes hachées, une gousse d'ail et très-peu de moutarde Enfin, servez votre poisson sur un plat et mettez dessus des cornichons avec une cuillerée d'huile d'olives.

Murette de carpe.

Quand votre carpe est nettoyée, vuidez-la en ôtant le fiel, le gros boyau et la petite bête qui est dans la tête; mettez dans votre chaudron sel, poivre, ail et écorce de citron. Que le tout baigne dans de bon vin vieux et un verre d'eau. Faites attention afin que le feu y prenne; quand il aura pris, mettez un bon morceau de beurre; faites ensuite un roux à part dans lequel vous mettrez de petits oignons, mettez-les dans votre murette quand ils seront roussis; faites faire deux tours, mettez votre murette sur un plat, et arrosez-la d'une cuillerée d'huile d'olives.

Salmi sur gibier rôti ou carpe frite.

Faites un roux, mettez dedans vos échalotes hachées, quatre grains de genièvre bien hachés séparément, et un petit morceau de beurre avec poivre et sel. Quand le tout sera roussi, mettez un pochon de bouillon avec un verre de vin vieux et très-peu d'orange amère. Ensuite, coupez par morceaux votre gibier rôti ou votre poisson frit, et faites-le cuire en mettant dessus deux cuillerées d'huile d'olives.

TROISIÈME PARTIE.

Chou farci.

Prenez ce chou milan, bien cabus; lavez-le tout entier, sans en détacher aucune feuille; faites-le blanchir à l'eau bouillante, et mettez-le sur une tournoire. Quand il est bien épuré, vous détournez toutes les feuilles jusqu'au cœur. Ayant de la farce apprêtée comme celle avec laquelle on fait les michottes, vous en mettez une cuillerée dans le milieu du cœur de votre chou; ensuite vous relevez le premier rang des feuilles autour de votre farce, et vous continuez de mettre de la farce autour des feuilles jusqu'à ce que votre chou soit entièrement farci. Après cela, prenez de la petite ficelle et serrez bien votre chou en travers afin qu'il ne se défasse pas. Faites chauffer votre beurre dans une marmite ou coquelle de fonte, mettez cuire votre chou entre deux feux, avec une tranche de lard; quand il est cuit d'un côté, retournez-le de l'autre. Lorsqu'il est entièrement cuit, mettez-le sur un plat, ôtez la ficelle, et servez-le avec une sauce.

Sauce sur le chou farci.

Faites fondre votre beurre avec une cuillerée de fleur de farine; après avoir débroyé le tout ensemble, mettez un demi-pochon de bouillon avec poivre, sel, et une petite écuelle de crême fraiche. Lorsque votre sauce est cuite, retirez-la du feu, mettez deux cuillerées de vinaigre blanc avec un peu de persil haché, et servez-la.

Choux-fleurs.

Après les avoir bien lavés, mettez-les dans une marmite blanchir avec de l'eau, du lait frais et un peu de sel. Laissez-les cuire, mais pas trop, car ils se déferaient; quand ils sont cuits, retirez les, laissez-les épurer, et passez-les au beurre Ensuite, rangez-les dans votre plat, ayant soin de mettre la fleur du chou au-dessus du plat.

Sauce pour Choux-fleurs.

Faites une sauce tournée comme celle du chou farci; supprimez le persil, et ajoutez un jaune d'œuf : il ne faut pas que ce dernier cuise. Enfin, versez cette sauce sur vos choux-fleurs.

Choux-fleurs d'une autre façon.

Quand ils sont blanchis, vous les passez au beurre avec un peu de fleur de farine, et par-dessus poivre et sel; vous y mettez ensuite un demi-verre de lait et de la crème fraîche. Le tout ayant été retiré du feu, mettez du fromage rapé dans vos choux, remuez hors du feu, et servez vos choux.

Choux-fleurs d'une autre façon.

Si vous voulez en faire un gratin, comme ils sont au dernier article, frottez de beurre frais votre plat à gratin; prenez de la mie de pain passée à la passoire, avec du fromage rapé que vous mêlerez ensemble. Garnissez votre plat à gratin avec cette mie de pain et versez vos choux-fleurs dans ce plat. Mettez ensuite sur vos choux de cette mie de pain, comme vous en avez mis au fond du plat. Après cela, placez votre plat sur un fourneau dont le feu ne soit pas trop ardent, mettez dessus le couvercle de tourtière avec de la braise, et laissez cuire le tout pendant un quart d'heure.

Salsifis.

Après l'avoir raclé, vous le mettez dans l'eau fraîche avec un demi-verre de vinaigre, vous coupez les grosses racines en deux ou en quatre, vous les mettez blanchir de la même façon que les deux premiers articles du chou-fleur. Ou, si vous voulez les frire, quand elles sont passées au beurre avec poivre et sel, mettez-les dans une pâte de beignets, comme celle du pied de veau.

Carottes jaunes en gratin.

Faites-les cuire dans l'eau; ensuite épluchez-les et pilez-les bien avec un peu de beurre frais; pilez un peu de massepain pour mettre dedans avec du citronnat haché, eau de fleur d'orange, sucre, crême fraîche et trois jaunes d'œufs, les blancs battus à neige, et très-peu de sel, le tout mêlé ensemble. Que tout cela ne soit ni trop clair ni trop épais. Préparez votre plat à gratin comme ci-dessus, et faites de même que pour le gratin de pommes de terre.

Épinards au sucre.

Quand ils sont bien cuits, mettez-les dans l'eau fraîche, épurez-les bien dans votre main, hachez-les bien menu; fricassez-les dans le beurre frais, peu de fleur, peu de sel, du citron bien haché, crême fraîche et sucre. Quand le tout sera cuit, mettez vos épinards sur un plat, unissez le dessus avec un couteau, et mettez une garniture de pain frit dans le beurre.

Boulettes de Pommes de terre.

Quand les pommes de terre sont cuites dans

la cendre, prenez les meilleures, pilez-les toutes chaudes avec du beurre frais et du fromage rapé, très-peu de crême cuite et deux œufs, avec poivre et sel. Vous les mettez ensuite dans une pâte à beignets, comme celle des pieds de veau.

Pommes de terre en murette.

Après avoir fait cuire vos pommes de terre à la marmite, épluchez-les, coupez-les par morceaux ni trop gros ni trop petits; mettez-les dans votre murette, faites-leur faire deux tours; quand elles sont cuites, mettez un peu de persil haché avec de la crême fraîche qui ne soit ni trop claire ni trop épaisse.

Voici comment se fait la murette : faites un bon roux dans une casserole, mettez ensuite un oignon haché; lorsqu'il est roussi, mettez, pour faire votre sauce, moitié vin blanc et moitié eau, feuille de laurier, ail haché bien menu, et mettez vos pommes de terre dedans.

QUATRIÈME PARTIE.

Gratin de Pommes.

Servez-vous de bonnes pommes reinettes; quand elles sont bien nettoyées en dehors et en dedans, faites-les cuire dans une casserole avec un peu de beurre frais, un morceau de canelle, écorce de citron, un demi-verre de bon macvin ou autre liqueur douce, avec autant d'eau; ayez soin de bien les remuer afin qu'elles ne brûlent pas. Quand elles sont bien cuites, bien écrasées, il ne faut pas qu'il y ait du jus. Râpez du sucre dedans, mettez du citronnat haché et une cuillerée d'eau de fleur d'orange. Ayez soin d'ôter les morceaux de canelle et de citron. Garnissez votre plat à gratin avec votre marmelade de pommes, unissez-le dessus avec un couteau, et saupoudrez de sucre toute la surface, de manière à ce qu'elle soit entièrement blanche. Mettez ensuite votre couvercle bien chaud afin que cela gratine, et très-peu de feu dessous.

Pommes de terre en gratin.

Ces pommes de terre ayant été cuites sous la cendre, vous les pilez bien, vous les délayez ensuite avec un peu de lait et un peu de crême fraîche, ni trop claire ni trop épaisse. Mettez du sucre, des amandes pilées, du citron haché, eau de fleur d'orange, trois jaunes d'œufs, les blancs battus à neige, très-peu de sel : mêlez le tout ensemble. Frottez de beurre frais votre plat à gratin et mettez votre pâte dedans; placez dessus votre couvercle chaud, ayant soin que cela cuise entre deux feux qui ne soient pas trop ardents.

Gratin de vermicelle.

Mettez cuire le vermicelle dans le lait; quand

il 'sera cuit un peu épais, laissez-le refroidir. Mettez trois jaunes d'œufs, un peu de crême fraîche, des amandes douces pilées, écorce de citron hachée, eau de fleur d'orange Mêlez le tout ensemble. Frottez de beurre frais votre plat à gratin, et mettez dedans votre gratin; placez dessus le couvercle bien chaud de la tourtière, et mettez de la petite braise dessus et dessous.

Un Gratin au riz se fait de la manière.

Gratin à la fraise de veau.

Lorsque la fraise est bien cuite à la marmite, retirez-la pour l'épurer; coupez-la par morceaux, et accommodez-la de la même manière que la fricassée de poulet; afin qu'il y ait courte sauce quand elle sera cuite, vous ne mettrez ni lard, ni ail, ni oignons; ensuite vous agirez de même que pour les choux-fleurs.

Œufs au gratin.

Coupez, par tranches très-minces, des œufs cuits dur; faites fondre un bon morceau de beurre frais avec une cuillerée de fleur dans votre casserole; quand cela est fondu, mettez un bon verre de lait avec autant de crême fraîche et des champignons bien hachés. Quand le tout aura fait deux tours de feu, mettez vos œufs dedans, et gratinez-les de même que les choux-fleurs.

CINQUIÈME PARTIE.

Œufs cuits dur, à la tripe.

Coupez vos œufs en quatre; faites fricasser des oignons coupés par morceaux dans votre beurre, saupoudrez les d'un peu de fleur Mettez du lait et de la crême fraîche pour la sauce. Le tout étant cuit, mettez du persil haché et une cuillerée de vinaigre.

Œufs à la sauce tournée.

On fait la sauce telle que pour le chou farci. Mettez votre sauce dans un plat qui résiste au feu; quand votre sauce bouillira, cassez vos œufs dedans; laissez-les cuire sans les remuer et servez-les tels qu'ils sont.

Œufs en murette.

Après avoir fait un roux et fait roussir dedans de petits oignons, mettez moitié vin blanc sec et moitié eau, poivre, sel, feuille de laurier et écorce de citron. Le tout ayant fait deux tours, cassez vos œufs dedans et laissez-les cuire; lorsqu'ils sont cuits, séparez-les les uns des autres; hachez un peu de persil et ail mêlés à votre crême fraîche, mettez le tout dans vos œufs et servez-les.

Œufs en fondue, au vin.

Mettez un verre de vin blanc dedans, avec gousses d'ail bien hachées et un morceau de beurre. Quand cela sera un peu cuit, mettez les œufs battus avec du fromage, poivre et sel; remuez le tout avec une cuiller de bois. Lorsque vous voyez que cela devient épais, continuez de remuer hors du feu. Quand vos œufs sont cuits, servez-les.

Œufs à la neige.

Choisissez les œufs les plus frais; séparez les blancs des jaunes, mettez-vous dans un endroit bien frais pour les battre à neige; faites bouillir votre lait avec sucre et écorce de citron. Prenez vos blancs d'œufs par cuillerées, entreposez-les sur votre lait bouillant, retournez-les et ôtez-les de suite; mettez-les épurer sur un plat. Quand ils sont tout cuits, éparez dans la casserole le peu de lait qu'il y a sur votre plat, et mettez les jaunes mêlés avec de la crème fraîche dans votre lait. Alors remuez comme pour toute autre crème, mettez eau de fleur d'orange et passez votre crème. Quand votre crème est prise et qu'elle est bien froide, couvrez-la de vos blancs d'œufs, et garnissez-la de la même manière que la crème fouettée.

Fondue à la crème.

Mettez une petite écuelle de crème fraîche et beurre frais; quand cela est cuit, mettez du sucre râpé et vos œufs bien battus; remuez de la même manière que la fondue de fromage, et quand cela est cuit servez-le.

Fondue à la mie de pain.

Passez de la mie de pain à la passoire, faites-la cuire avec du vin et du beurre frais; quand elle est cuite, ôtez-la de sur le feu et mettez votre fromage râpé, poivre et sel. Lorsqu'elle est cuite, servez-la.

SIXIÈME PARTIE.

Crème fouettée.

Servez-vous de la crème la plus fraîche, fouettez-la dans le lieu le plus frais, de la même manière que les blancs d'œufs à neige; ensuite, poudrez-la de sucre passé dans un tamis de soie. Il faut un quart de sucre par litre de crème, citron bien haché. Lorsque le tout sera mêlé, dressez votre crème en piramide ou à plat; unissez-la bien avec un couteau Au moment de la servir, garnissez-la de nompareille ou bien piquez-la de citronnat bien mince, et servez-la. Ayez soin de tenir votre crème au frais afin qu'elle ne tombe bas.

Crème brûlée.

Mettez, dans une casserole de cuivre bien étamée, du sucre bien râpé que vous ferez brûler. Remuez toujours avec une cuiller de bois jusqu'à ce qu'il soit d'une couleur canelle bien foncée, retirez alors votre casserole du feu. Quand c'est à demi-froid, mettez votre lait dedans et remuez toujours sur le feu pour faire fondre votre caramel. Lorsque votre lait boutonne, ne mettez que les jaunes d'œufs bien mêlés avec du sucre et de la crème fraîche, remuez toujours du même côté ; quand vous voyez qu'elle commence à s'épaissir, ôtez votre casserole de sur le feu et continuez de remuer jusqu'à ce qu'elle soit assez épaisse. Mettez un peu d'eau de fleur d'orange et passez-la dans une passoire sur votre plat. Pour faire votre crème, il faut dix jaunes d'œufs par litre de lait.

Crème au citron.

Faites bouillir votre lait avec de l'écorce de citron, tournez vos jaunes d'œufs avec du sucre ; quand c'est bien épais, délayez un peu de crème avec les jaunes dans votre casserole, et remuez comme la crème ci-dessus. Quand votre crème est bien cuite, servez-la.

Crème au café.

Mettez dans votre lait du café brûlé, en grains;

quand il a fait deux ou trois tours, laissez-le mitonner dedans, ensuite passez-le à la passoire; remettez-le dans votre casserole avec un bon morceau de sucre, prenez dix blancs d'œufs par litre de lait, battez-les un peu, passez-les dans un linge clair; et quand votre lait boutonne, mettez dans votre casserole vos œufs mêlés avec un peu de crême fraîche; et remuez comme pour toute autre crême. Lorsque votre crême est bien cuite, passez-la à la passoire dans votre plat.

Crême aux amandes.

Pour un litre de lait, prenez une demi-livre d'amandes cassées, mettez-les dans l'eau bouillante, ôtez ensuite la peau et mettez-les dans l'eau fraîche. Mettez-les dans votre mortier; à mesure que vous les pilez, ajoutez un peu de lait afin que les amandes ne se changent pas en huile; ensuite mettez tout votre lait avec vos amandes et remuez bien le tout pendant un demi-quart d'heure. Mouillez un linge clair dans l'eau fraîche, et passez le lait dans la casserole. Prenez trois blancs d'œufs un peu battus, passez-les dans un linge sur une écuelle, mêlez-les bien avec trois cuillerées de crême fraîche. Mettez votre casserole de lait sur le feu, remuez-le toujours. Au moment que votre lait boutonne, mettez votre écuelle de blancs d'œufs et remuez toujours. Quand vous voyez que le lait s'épaissit, ôtez votre casserole du feu et continuez de remuer jusqu'à ce qu'il soit assez épais. Mettez une cuillerée d'eau de fleur d'orange et passez à la passoire : n'oubliez pas le sucre.

Créme au chocolat.

Mettez une demi-livre de chocolat par litre de lait. Râpez bien votre chocolat, faites-le cuire avec votre lait, remuez toujours. Quand il a cuit pendant un demi-quart d'heure, mettez un bon morceau de sucre avec trois blancs d'œufs battus; continuez de remuer comme pour les autres crêmes. Lorsque vous la passez, ajoutez une cuillerée d'eau de fleur d'orange.

Pain au lait.

Mettez votre sucre râpé dans une coquelle en fonte; quand il est fondu, remuez-le bien jusqu'à ce qu'il soit d'une couleur canelle-foncé. Quand il est de la couleur voulue, retirez votre casserole du feu, et barbouillez-la avec votre caramel, autant que vous le pourrez. Mettez du beurre fondu de la grosseur d'une noix ; laissez-le fondre avant que de mettre vos œufs battus, lait, sucre et eau de fleur d'orange : il faut quatre œufs par litre de lait. Faites cuire doucement, le tout éloigné du feu, pendant une demi-heure, un peu de braise dessus et autour. Ayez soin de retourner un peu souvent la coquelle autour du feu afin que cela cuise également. Lorsque le tout sera cuit, laissez-le refroidir, versez-le ensuite sur un plat un peu creux et servez-le.

FIN.

www.ingramcontent.com/pod-product-compliance
Lightning Source LLC
Chambersburg PA
CBHW061008050426
42453CB00009B/1328